박희자 시집

부산공동어시장

• 본 도서는 2021년 부산광역시, 부산문화재단 〈부산문화예술지원사업〉으로 지원을 받았습니다.

가슴에 내리는 시 100

부산공동어시장

지은이 박희자
펴낸이 최명자

펴낸곳 책펴냄열린시
주소 (48932) 부산광역시 중구 동광길 11, 203호
전화 010-4212-3648
출판등록번호 제1999-000002호
출판등록일 1991년 2월 4일

인쇄일 2021년 06월 23일
발행일 2021년 06월 25일

ⓒ박희자, 2021. Busan Korea
값 10,000원

ISBN 979-11-88048-51-9 03810

• 저자와 협의하여 인지를 붙이지 않습니다.
• 잘 못된 책은 바꿔 드립니다.
• 이 책의 내용 중 일부 또는 전부를 저자 및 출판사의 동의없이 사용하지 못합니다.

□ 시인의 말

화장기 없는 민낯 내놓은 듯 민망하다.
나의 일상이 된 어시장과 이야기들
밤을 새워 피를 짜내듯 쓰고도
아침이면 버려야 했다
그러고도 다시 또 쓰는 걸 보면
시도 중독성이 있는 것 같다
아직 여물지 못한
첫 시집이 많이 조심스럽다
성숙한 독자 손 위에서 너그러움을 얻어
새로운 힘으로 돋는 날개이면 좋겠다.
시를 올릴 수 있도록 도움 주신
모든 선생님들께 감사드립니다.

2021년 6월, 박희자

목차…4
자서…3

제 1 부

새벽 어시장…11
힘들다고 말하지 마라…12
다대포댁…14
충무동 새벽시장…15
간고등어…16
자갈치 해안 길에서…17
경매 한마당…18
바닷바람이고 싶은 날도 있다…19
금어기…20
송도바람…21
덕수…22
바다를 옮긴다…24
새벽달…25
영도다리…26
갈매기 날개…27
초매식…28
바람…29

생선상자 독백…30
부산공동어시장…32
오징어를 보며…33
자갈치 시장에서…34
아버지가 만든 새벽…35
수장…36
어시장 제비…37
터널…38
파란 민들레…39
마술사의 손…40
주름이 닮았다…42

제 2 부

풀잎향기…45
해운대 동백섬…46
신기 마을…48
회화나무…49

통도사 홍매화…50

샛강…51

감꽃 피는 언덕…52

벚꽃 강변…54

끈기…55

매화…56

상사화…57

바다…58

명부전…59

범어사…60

태풍…62

창 밖에 휴일이 있다…63

땅뫼산을 걸으며…64

착한 손…65

통도사에서…66

봄 안부…68

사릿길 그리움…69

물길…70

은행잎…71

봄 산책…72

제 3 부

어머니 마음이 오다…75
아들…76
비 오는 날의 추억…78
어머니의 기도…79
막내 동생…80
합창…82
고향에 와서…83
백세 시대…84
보름달 밟고 나온 아이…85
칠월의 축복…86
간장을 담그며…87
내의…88
할머니의 자리…90
어머니 되고 알았다…91

도다리…92

비행기 안에서 생긴 일…93

큰언니…94

모든 어머니…96

온천장 할머니…97

공화국이여 안녕…98

산성 막걸리…99

친절한 남편…100

안 사람…102

이사…103

칠월에 띄운 편지…104

카페 테이블…105

등나무 숲에서…106

자전거…107

해봐야 안다…108

□ 해설 공동체를 위한 배려/강영환…111

제 1 부

새벽 어시장

동녘 아침햇살 불화살 되어
빈 바닷물 속을 휘젓고

뱃고동 소리 바람 타고
어둠 훌훌 벗어던진다
금빛 물비늘 속살거리며
고등어 등줄기로 물갈이할 때

부지런한 어부는
빈 주머니에 손을 넣었다 뺐다
입안 가득히 침샘 굴리고 있다

해수에 던진 뜰채가 자맥질 할 때마다
먹이 찾는 갈매기 날갯짓

하루 해 잊고
무거운 새벽 깃 젖힌
뱃머리 어시장
봄바람에 달음박질이다

힘들다고 말하지 마라

추녀 끝에 고드름 키 크는
새벽어시장 가보지 않고
사는 게 힘들다고 말하지 마라

얼음 바닥에 얇은 발 올려놓고
올 것 같은 누군가를
약속 없이 기다려 본 적 있는가

지붕과 벽 사이를 뚫고 달려와
사정없이 때리는
칼바람에게 얼굴 맞아 본 적 있는가

성한 한 쪽으로 리어카에 고등어 싣고
비틀걸음으로 달려본 적 있는가

바다 너울이 아픔을 밀고 와서
바위에 부서지고 또 부서져도
다시 바다로 돌아가 일어서서 너울거리는
포기 하지 않는 저 파도 고집을 보라

차가운 가슴이라고 말하지 마라
누군가에게 겨울날 기대고 싶은
화롯불이 될 뜨거운 가슴이다

다대포댁

하루를 새벽어시장에서 시작하는 그녀가
현관문을 나서면

아파트 뜰에 서 있는 배롱나무와
줄과 줄 잇고 걷는
보도블록 틈새에 피어 있는 노란 민들레꽃
울타리 드나들며 짝짓기 하는 고양이가
푸르스름한 어둠에 묻힌 지구본을 닮았다

가끔 그믐달이 비스듬히 걸려있는
송도 방향으로 가다 보면
비어 있는 평일 국도쯤 되는
널찍한 충무대로 202번길 도로를 만난다

한낮이면 어림도 없을 속도로
동트는 바다를 향해 달린다

새벽을 한낮쯤으로 여기는 다대포댁
새벽어시장에서 하루를 연다

충무동 새벽시장

흥정하는 소리 넘쳐나는
충무동 골목시장
밤 잠 설친 할머니가 밀려오는
졸음 이기지 못하고
연신 고개 끄덕일 때마다
앞을 지나가던 장난기 많은 바닷바람이
빈 물통 툭 넘어뜨리고 달아난다
깜짝 눈 뜨자마자

"씸어갈 바람은 뭐한다고 불어 쌌노"

중얼거리며 얼음 한 바가지 휙 뿌린다
걸음 뜸한 단골 기다리는
할머니 곁에서 바닷바람이
눈치 없이 장난 걸며 시간을 당기고 있다

간고등어

바다에서 올라와
속을 비운다
몸에 흐르는 바다와 파도를 자랑하며
살찐 고등어 하얀 뱃속에는 삼킨 바다가 들어 있다
오래전부터 그 속을 잘 아는
달인의 손끝으로
삼켜서 쓰지 못하는 것들 몇 초 만에 털어내고
흐르는 바닷물에 씻은 단단한 살점 위에
하얗게 뿌린 소금이 수정으로 빛난다
두 마리가 사이좋게 몸을 껴안고
다시 태어나는 순간 꽉 찬 몸값으로
땅 끝 마을에서 하늘 아래 첫 집까지
기다리는 밥상을 찾아 간다
부산 간고등어 이름표 달고

자갈치 해안길에서

주먹만 한 자갈들 자갈자갈 깔린 바닷가
갈치 멸치 '치' 자 고기 잡아서 팔다
이름 얻은 자갈치시장에서
새 살림 나온 남부민동 부산 공동어시장

영도 다리 아래서 충무동 해안을 따라가면
밤바다 밀고 들어온 선착장
만선의 깃발 요란스럽게 닻을 내린다

아침이면 바다에서 올라온
생선들이 지은 섬에는
장화 신은 발들이 물위에 떠 있고
아지매 손들이 빠르게 밀어내는 생선 상자가 줄을 잇
는다

시장 내력 꿰고 자갈치 명성 낱낱이 외고 있는
송도댁 옆집 그 옆집 딸 나이 쯤 되는
부산공동어시장 지붕에는 괭이갈매기가
삼대 째 살찌우고 살고 있다

경매 한마당

수평선 넘어온 고깃배 불빛
경매장 전등불 깨우는 시간
경매장에서 한마당 무대가 열린다
앞서리 고수가 상자를 툭툭 치며
'갈치 백 개 ~잇~ '
큰 소리로 길게 선창을 울리면
경매사는 긴박한 휘모리장단으로 값을 높여 간다
'일 십 백 천 만' 소리의 절정에서
경매사와 중매인의
열 손가락이 번개같이 부딪치며
공중 날던 모든 손가락 내려오고
한 마당 장막이 넘어 간다

격동 시간 속 달리는 뜨거운 경매장
흥겨운 땀의 노래와
굵은 소리 섞여 춤추는 한마당
생선비늘 빛 새벽이 온다

바닷바람이고 싶은 날도 있다

바다에 달빛 내리는 날이면
잠든 영혼 흔들어
수평선 넘어 부는 바닷바람이고 싶은 날도 있다
어둠 속에서
안개꽃 이는 파도와
피어났다 사라지는 하얀 물보라로
바닷바람이고 싶은 날도 있다
바다 가운데 누워
잠든 바다 모두 흔들어
소리치며 춤추는 물결로 튀어 오르는
바닷바람이고 싶은 날도 있다

금어기

뱃고동 소리 걷어간
검은 바다 위에 빨간 등대 혼자
바다 가운데 서서 깜박이고 있다

그물 당겨 새벽 밀고오던 고깃배
밧줄에 묶인 채 빈 배로 섰다

어시장 지붕에서
배 들어오는 시간 일일이 읽고 있는
갈매기떼들 고깃배 기다리며
배고픔 한참을 견뎌야 한다

수평선 넘나들던 만선도
바다 속에서 쫓겨 다니던 물고기도
쉬어가는 어시장 금어기
해 긴 봄
넘치도록 생선 실어 나르던 바다
금어기 여름을 당기며 달리고 있다

송도 바람

남부민동 들어서면
바닷바람 등을 밀고 간다
밤새 파도 타고 그물 당긴 고깃배
경매장 불빛 타고 걸음 바쁘다

어슴한 밤 비질하며
동트는 해 금빛으로 내릴 때
뜰채 끈을 풀고 쏟아지는
바닷고기들 하늘 향해 뛴다

경매장 불빛 아래서
공중 무대 달구는
열 손가락 바다에 올린 춤사위
경매사 노래 리듬 타고 꿈에 든다

오르고 내리는 줄타기 뜀박질
겁내지 않는 찬란한 손가락 고집에
소금꽃 부신 바다 노래가 있다

덕수

나이 많은 오토바이 소리가 들린다
가녀린 목에 꽃무늬 스카프 매고
마음껏 행복하고 자신만만 신나게 달리는
덕수는 어시장에서 나이를 잊고 산다

오토바이 달리는 소리로
새벽 지나간 시간을 알려주며
아침밥상을 어시장에 배달해 준다

"덕수야 밥 가지고 와 래이"
덕수 부르는 소리 여기저기서 들리는 아침

누구네 집이라고 말하지 않아도
시간 맞추어 알아서 배달 잘하다가도
가끔은 간밤에 꽃무늬 스카프
바닷바람에 과하게 휘날렸던지
술에 못 이겨 보이지 않는 날도 있다

걱정하는 시장소리 따라

새벽 걷고 신나게 달리는 소리
돌아온 오토바이 뒤에서 덕수 안아주는
따뜻한 바람이 시장을 돌고 있다

바다를 옮긴다

시장은 언제나 거친 숨소리 전쟁터
바다에서 파도 밀고 올라온 은갈치
먼 밥상에 옮기기 위한 시간과 싸움
장화 신고 단거리 마라톤 선수보다
빠르게 달려야 하는 어시장

어씨 리어카에 실린 포말 없는 파도 꼬리를 물고
올라오는 얼음 녹은 수증기가
안개 되어 뭉게뭉게 지붕을 넘어간다

눈앞에 보이는 것과 보이지 않는 것들이
분주하게 움직이는 전략 속에서

질 것 같으면서 이기는 땀방울이
날선 얼음에 미끄러져도
털고 웃으며 달리는 걸음 혁혁하다

경매장 지붕 뚫고 쏘아 대는
아침 햇살 짊어지고 쪽빛 바다를 옮긴다

새벽달

그녀 둥근 얼굴
어스름 새벽달 머리맡에 두고
바다 달리다 간 그림자를 본다

옷자락에 피었던
생선비늘이 만든 하얀꽃
생선가시에 찔려서 맺힌 붉은꽃도
바다만이 피울 수 있는 꽃이라고 말하던 그녀
바다에 떠 있는 둥근 얼굴이
파도에 실려 온다

바다만큼 품어주는 가슴도 없다고
훌쩍거리는 등 두드려 주던 손
새벽바다 위에서 달빛으로 내려와
어깨를 두드리고 있다

영도 다리

영도다리 아래
남항과 북항이 바닷길 이룬다
시퍼런 바닷물 검게 타들어가던 다리
한쪽 날개 사이로
눈물 흐른 소리 들린다

걸어간 사람과
걸어온 사람들
긴 발자국 뒤에 파도가 있다

6월 전쟁에 멍든 사랑들
떠돌던 이야기들이 포말에 흩어지는 사이

영도다리가
부산 싣고 하늘을 난다
십오 분 짧은 시간 사이로
지나가는 바람 지우는 노래가 흐르고
하얀 파도는 안개꽃 리본을 달고 피어오른다

갈매기 날개

어시장 지붕에는
날기 싫은 갈매기 떼가
날개 깔고 산다

나이 들수록 무거워지는 날개가
바람 타는 일도 쉽지 않다
비행 연습 없는 날개를 달고
살찐 배로 눈밖에 물고기 보는 둥 마는 둥
새끼 거두고 앉아 털 다듬고
노는 게 그들 일상이다

고깃배가 풀어 놓은 고기 물어가는
날개 쫓는 소리에 익숙해져
살찐 날개
지붕과 경매장만 오르내리고 있다

파도 밀고 들어오는 새벽 깃발에
굴리는 붉은 눈동자로 바다새 이름 잊고
어시장 지붕에서 날갯짓 없이 늙어간다

초매식

어시장 새해 첫 날
동트는 바다 앞에 초매식 차례를 지낸다
선착장 고깃배들도 만선 깃발을 꽂고
풍악 장단에 맞추어 절을 한다

경매장 디딤돌을 돌며
만선의 기운 담은 가슴 마다 바다 울림을 띄워
고기 잡는 사람도
고기 파는 사람도 엎드려 절을 한다

'올해는 윤달이 있어 틀림없이 고기가 많이 잡힐 끼다'

용왕을 보고 웃는 지
바다를 보고 웃는 지
돈을 한 잎 물고 웃느라고
눈이 보이지 않는 돼지머리 앞에서
음복주에 취한 말 섞어가며
인심 좋은 말 한 마디씩
바다를 향해 툭툭 경험을 던진다

바람

어둑한 어시장에
낯설지 않은 선거 바람이
판장 골목을 돌고 있다
기계같이 하는 말에도
자자한 말들이 분분한 거리
눈높이 맞춘 자세로 골목바람에
가로수도 고개 숙이고 눈도장 찍은 걸음 뒤에
유월 햇볕은 작열했다
검게 탄 꺼무스름한 얼굴 위에
골목 먼지 털지 않은 채
불 꺼진 새벽 골목 걸어 나오는
남편의 처진 어깨가 한참 동안 아팠다
새 옷 입고 외출했다가
얼룩 자국 묻힌 채 들어오는
일그러진 외출에 앓던 병
자랑할 일은 아니지만 다시 오지 않을 바람
아픔도 추억이라고 지나온 시간이
남은 시간에게 넘겨주고 있다

생선상자 독백

고깃배 타고 갔다
생선 담아오는 그릇이오
양심 숨긴 손에서 생긴
울음 내 안에서 넘친다오
오일장 장터에서 새벽부터 해질 때까지
생선 팔아서 전부로 살아가는
고단한 한숨이 바다로 가고 있소
갈치 못 팔고 상자 채 쓰레기통에 버리고 가는
걸음 뒤에서 힘 잃은 신발 소리 슬펐소
냉동 갈치 상자 속 볼 수 없다고
보이지 않는 속에 상한 고기를 넣고 큰 갈치 속에
작은 갈치 흠 있는 갈치를 가운데 넣고
닫아버린 아픈 포장 따라다니는
양심저린 그 손 때문에 애꿎은 사람들
가슴 치게 하고 우라지게 욕 듣게 하고
시장 던지고 떠나는 눈물과
식당에서 문 닫고 떠나는
아픔에 귀 기울여 보소
오늘은 내가 그 손 위에 술잔을 얹어

술 한 잔 따르겠소
흥건히 부은 술 한 잔 마시고
생선 파는 시장마다
살맛 나는 웃음꽃 건네주소

부산공동어시장

새벽 밀어 올린 안간힘 속에
쏟아지는 고등어가
꼬리를 허공에 세우고 바다를 난다

불빛 훤한 어판장에
울리는 푸른 요령 소리 따라가는 아침
갈매기가 경매장 지붕에 앉아
끼루룩 끼루룩 큰 소리로 값을 부른다

가슴을 감추고 경매사를 향해
던지는 손과 손 사이로
쏟아지는 열 개 손가락이
눈빛에 실려 날아가는 화살이 멈추면

시간은 새벽을 지나가고
눈에 익은 번호가 바닷바람에 펄럭인다
바다 끌고 가는 굵은 손들 판장을 빠져나가고
경매장은 다시 갈매기 춤추는 바다에 떠있다

오징어를 보며

바다 속 세상도 다르지 않겠지
그러니까 비늘 하나 없는
귀때기와 몸통과 다리 열개를 축 늘어뜨리고
시장 생선가게 진열대에 누워있지

속 끓일 때마다 변했던 색깔
시간 지나 갈 때마다 보이며
몸속에 가두어 놓았던 먹물
소리 없이 흘러내고 있다
바다에서 먹물 되도록 살아온
어지간히 속 썩은 오징어를 보다
속가슴 썩어도 내 놓지도 못하고
뼈마디 마다
골바람 든 소리 들릴 때까지 살아온
먹장을 쓰다듬으며 시장 골목을 빠져 나온다

자갈치 시장에서

사람 북적이는 자갈치시장
코로나19 활개치고 발걸음 뜸한 골목
찾아오는 걸음에 눈길 받던
갈치 오징어 고등어 푸른 등이
생선가계 소쿠리 위에서
시위하듯 누워서 봄바람만 쐰다

지나가는 발자국 소리 헤아리는
긴 골목 어귀에서
어물전 아지매가
생선 등 말리고 다니는 눈치 없는
바람을 쫓으며 중얼거린다

"안 팔려서 큰일이다 세상이 우째 될라카노"

습관으로 중얼거리는 혼자 말
듣는 둥 마는 둥
저녁노을 그림자 길게
자갈치시장 골목 쓸고 지나간다

아버지가 만든 새벽

귓전에 울리는 뱃고동 소리
새벽잠을 깨운다
여명은 파도를 일으키는 꿈이고
아버지 꿈도 물 끝에서 용트림 한다
만선의 고깃배는 바닷바람에 깃발 펄럭이고
아버지가 만든 새벽은 어판장에서 흥정의 닻을 올린다
깊이 잠들었던 새벽이
바다를 흔들어 깨우고
아버지는 펄떡펄떡 뛰는 바닷고기 싣고 어둠을 쫓는다
돋는 해 붉게 물든 바다 위에 떠 있고
아버지가 끌고가는 새벽은
바닷바람에 닻을 올리며 동력을 올린다

수장

바닷바람에 펄럭이는 깃발일 것이다
날고 싶던 날개 펴고 날고 있을 것이다
어시장 들어오는 만선은 깃발을 펄럭일 것이다

갯바위에 붙은 주걱따개비 빨대에
질려 달아난 바람일 것이다
흰여울 앞바다 묘박지에 서 있는
고깃배에 앉아서 붉은 등대 불빛 타고 놀 것이다

주름살 없는 바닷물로 들어와서
짧게 머물다 지나간 파도
다 하지 못한 말이 있어
새벽 달빛 바다에 떠 있을 것이다

어시장 제비

겨울옷 벗지 않은 어시장
작은 날개가 봄을 풀어 놓는다
지난해 가을 떠난
제비 한 쌍 둥지로 돌아 왔다

햇살보다 먼저 판장 문 열어놓고
배수관 위에 앉아서 둘이 나란히 내려다보고 있다가
물건 사려고 온 사람들에게
'문어는 이십만 원, 고등어는 십오만 원, 갈치는 삼십만 원'
부리를 비비며 열심히 흥정을 거든다

제비 둥지 아래는
시장에서 다투는 것을 본 적 없는
독수리 오 형제와
어시장 사람들이 발끝 세우며 달리고 있다
박씨를 물어 왔을지도 모를 한 쌍 제비가
아침 햇살 끌어오며 판장 봄을 순찰하고 있다

터널

웅성거리는 새벽어시장에서
달려오며 반갑게 부르는 소리 있어
시장 앞치마 두른 사람들 속에서
두 손으로 그 소리 덥석 잡았다

글줄 넘쳐나는 밝은 거리에서 그녀는
문자를 줍고 있는 한글반 학습자다
돈 주고 사는 물건이라면 벌써 샀을
그녀 앞에서
사고파는 물건이 아니라서 잡은 손이 미안하다

글 읽고 쓰기 위해 주고받는
찾아간 용기와 찾아온 용기가
수평으로 만나는 한글교실에서
달리는 긴 터널을 벗어나
우리는 푸른 바다를 만날 것이다

파란 민들레

남항동 공동어시장
건물 남쪽 벽 아래
콘크리트 바닥과 벽 사이
민들레 가족이 겨울 전부터
뿌리 내리고 살고 있다

청소원 눈에 띄지 않으려고
움츠리고 있던 초록 옷들
봄바람에 어깨 나란히 곁대고
노란꽃 엮어 활짝 피어 있다

험한 발자국 소리 지날 때마다
벽에 몸을 바짝 붙여가며
할머니 때부터 바닷바람 마시고 살았던지

바다색 벽을 밭으로 삼고
민들레 가족들이 한 데 모여
햇살에 꽃대 널어놓고 봄을 팔고 있다

마술사의 손

스스로 일어나기 힘든
새벽 세시 삼십분
진동 섞인 음악 울리며 침대 흔들어 잠 깨운다

날씨와 어선입항속보 알려주며
현관문 나선 손에 들어와 길을 함께 걷다
시린 가슴 쫓으며 핀 목련 예쁘다고 곁눈질해
얼른 담아 와서 눈에 얹는다

1호선 지하철역 끝에서
승차한 적막 속 레일 긁는 소리 밀어내고
봄빛 소리로 리듬을 바꾼다

토성동역 지나 자갈치역 달리는 객실에는
바닥을 메우고 서 있는 발등 사이로
손바닥에 고정된 파란 불빛이 모두의 시선을
끌어들인 유혹에 끌려가다 내려야할
지하철역 놓친 걸음들 허둥지둥 내린다

어시장에 닿은 나는 오월 봄 햇살 닮은
고객 얼굴을 찾아 숫자를 누르고

'오늘 물 좋은 갈치 올라왔는데 올릴까예?'

눈으로 보지 않아도 볼 수 있고
전하고 전해오는 말 보태거나 빼지도 않고
휴대폰에 끌려가는 시간 속에
어쩔 수 없이 나도 기계가 되어가고 있다

주름이 닮았다

꿈이라서 좋았던 사업
얼마 걷지도 못하고 막힌 길에 섰다

살고 싶다고 사는 것도
살기 싫다고 살지 않는 것도 아닌 것
그냥 사는 것이라서 산다는 것을 알았다

거친 바람에 누워있던 풀잎
접은 가슴이 찾아간 바다
갯바람 부는 부둣가에서
바닷고기 이름 외워가며
어시장 새벽바람에 팔을 걷었다

강산이 두 번이나 지나도
낯설고 긴장되기는 매번 한 가지이지만
어두운 새벽을 싸운
두 얼굴 주름이 닮았다

제 2 부

풀잎향기

문 앞에 우편물이 왔다
어느 시인이 젊은 날 얼굴을 담은
푸른 판도라를 열었다

오십 년 전에 그려 놓은
시인의 숲을 따라가는 길에서
풀잎향기가 가슴을 판다

종이 위에 움직이는 언어들이
풀잎 속 이슬이 흘러 들어
어깨를 적신다

불현듯 언어를 끌어 모으고 싶어졌다
묵은 땅에서 길어 올리는 아침 이슬로
숨겨진 언어를 적시며 탈출을 꿈꾼다

오랫동안 마른 땅에 누워있던
풀잎 하나가 일어나
젖은 향기 따라 숲을 쫓아간다

해운대 동백섬

한 시인이 천 년 전 해안 절경에 반하여
이름 새기고 간 해운대
동백섬 숲길 오르면
동박새와 직박구리가 노래를 한다

봉우리와 바다와 구름이 하나가 되고
수평선 한 뼘에 닿는다
남쪽으로 내려가면 옛 구남포 언덕
시인은 돌에 해운대 글자 새기고 떠났다

장산과 부흥봉에서 싣고 온
춘천강 모래가 만든 길
동백나무가 그림자 밟고 건너간다
춘천강 흐르는 물결도 구남포 모래밭에 줄 잇던 거북이도 보이지 않고
고층 빌딩에 앉은 조각구름이 바닷물에 여울지는 해운대

남쪽 언덕 내려가는 동백나무 터널에서
색깔 바랜 비석이 있어 걸음 멈추었다

시인의 일생을 그렸다는 '촉규화'를 읽고 내려오는데
동백꽃 떨어진 바닷물에
접시꽃빛 노을이 해운대 동백섬을 돌고 있다

신기新基 마을

기백산 봉우리 덮인 눈
안개로 피어오르면
마당에 앵두꽃 봄을 걸어 놓는다
황새 날아와 알 품은 터
안온한 둥지에 기둥 세운
영양 천씨
먼 형제 걸음마다 자리 넓혀
솥 걸고 웃고 사는 새 터
기백산 봉오리 보고 커지는 인정
아이들 해질 때까지 웃음 채우던
바깥마당
오는 반가움
가는 아쉬움
다독이며 걸음 품고 있다

회화나무

내가 이사 오던 날
창문 너머 솔숲에 회화나무 한 그루

태풍에 꺾인 나뭇가지에서
돋은 연두색 잎
봄에 피어야 할 잎을 당겨
가을 햇살에 기대고 있다

겨울바람 걱정되지만
따뜻한 햇살 버리지 못하고
피고 있는 잎을 보며
이사 온 살림 희망 반 걱정 반을 본다

해마다 잎 훑고 나뭇가지 꺾어간
태풍 흔적 위에 봄은 왔고
회화나무 잎 푸르게 돋는 언덕
봄마다 유리창 너머 햇살이 춤춘다

통도사 홍매화

통도사 터미널에서
소나무와 소나무가
바람 재우며 서 있는
무풍한송길 걸어가면
영각 앞에서 삼백칠십 년 동안
첫 봄 걸어 놓는 자장매를 만난다

언 솔잎바람에 눈이 내려도
실오라기 하나 걸치지 않은
말간 나뭇가지에
정월이 가기 전에 서둘러
걸어놓는 약속
찾아오는 걸음마다 봄을 담아 준다

해마다 새로운 소원
눈치 보며 들고 가는 걸음도 내치지 않고
꽃봉오리 담아주는 자장율사 그윽한 향기가
영축산 내려오는 봄을 모아
홍매화 한 송이 꽃망울 터뜨린다

샛강

원동역 지나면
철길 아래 수초 사이로 흐르는 샛강
긴 세월 몸을 숨기고 있다

강을 찾아든 나그네새들 품고 살아가는 작은 강
해마다 지나가는
크고 작은 홍수에도 떠내려가지 않고
버티고 서 있는 물버들이 새들에게 보금자리 내어준다

수초에 갇힌 듯 흐르는
작은 물결들이 지키는 강
주말이면 가끔씩 찾아오는
도시의 고단한 마음 무릎 위에 눕힌다

휘파람새 휘파람 불며
물소리 없이 흐르는 샛강을 안고 돌아
붕어들이 물 위로 튀어 오르며 힘 키우는 사이
다홍색 노을이 강물에 이불을 내리고
샛강은 서둘러 저녁 내려 샛별을 담는다

감꽃 피는 언덕

오월이면 감나무 아래
귀밑머리 보송한 감꽃 닮은 아이들이 모였다
감나무는 진즉부터
아이들이 아침에 오는 걸 눈치 챘는지
밤새 하얀 감꽃을 별같이 쏟아놓았다

이른 아침 덜 깬 잠으로
주워온 감꽃 짚에 꿰어
마당 빨랫줄에 걸어 놓으면
한나절 봄볕이 꼬들하게 말려서
떫고 달착지근한 봄 간식이다

아버지가 시장에서 사 오신
어린 감나무를 뒤뜰 언덕에 심으며
삼 년이면 감이 열린다고 하셨는데
언니와 나와 동생이 기다리던
그 삼 년이 몇 십번 지나가고

지금은 빈 언덕에 서 있는

감나무 한 그루만
해마다 감꽃 하얗게 쏟아놓고
아이들 아련한 웃음소리 기다리고 있다

벚꽃 강변

구포 둑 삼십리 길 아침 안개처럼 벚꽃이
화르르 피어올라
하얀 꽃 섬을 이루고
그 아래 사랑에 사랑이 흐르는 강물은
또 하나 물무늬 포말을 일으키며
방울방울 피어나고 있다
열여덟 소녀들 웃음소리가 활짝 핀 꽃잎 위에서 날고 있다
손끝에 닿은 속살 닮은 꽃잎
봄바람에 날 듯 말 듯 피어오르고
봄은 핑크빛 볼 사이로 빠르게 흐르고 있다

끈기

참나무에 날개를 바짝 붙여
한낮 폭염에 종일토록 울고
해 지고 어두워지면 숨넘어갈 듯
더 요란하게 우는 매미에게
끓어대던 여름밤도 지쳐 식어간다

우는 노역만이 사는 길이라고
밤낮없이 울어대니
여름인들 흔들리지 않을 수 없었을 것이다

눈물 한 방울 흘리지 않고
울음소리 지칠 줄 모르는 매미에게
그 깊은 슬픔 배워볼 일이다

한낮 뜨거운 바람과
숨 가쁘게 하는 팔월 태양이
꼬리를 내리고 스스로 달아나게 하는
매미가 간직한
그 노래 배워볼 참이다

매화

연분홍 매화가
구평 고개 넘어오는
마른 언덕에 봄 불을 붙인다

유월 풀숲에 피었으면
혼자 피고 지고 말았을
여린 저 뜨거운 불꽃

눈 내리는 거친 바람에
묻어둔 꽃을 피워
봄을 가져올 수 있는 일
얼마나 다행한 일인가

겨울과 봄 사이에
혼자 꽃이고 모두의 봄이 되는
피어난 꽃에게 부지런한 향기를 배운다

상사화

용궁사 가는 길
돌 틈 그늘에 감추었던
목 가늘게 드러내고 핀 꽃

보랏빛 얼굴 씻고
숨겼던 연분홍 꽃잎 다소곳이 앉아
만나지 못하고 떠난
푸른 옷섶 애타게 찾는다

이승에서 만날 수 없는 인연이라
더 깊고 푸른 눈물을 본다

수평선 보이는 언덕에서
들릴 듯 말 듯한
저녁 예불 소리 귀 기울이며
노을 내리는 언덕 꽃대 올려 팔월을 씻는다

바다

어디로 갈까
정하지 못한 길 위에 서 있다가
파도소리 나는 곳으로 갔다
돌아갔다 돌아오는 파도를 보며
바닷물 적신 앞치마 입고 들어간 바다
괭이갈매기와 함께 날면서
작은 날개가 흘린 내 눈물이
바닷물이라는 걸 알았다

잉크빛 바닷물에 쏟아낸
찰랑거리는 유리조각빛들이
반짝이며 묻어내는 바다를 보며
내 마음 속에도
빛을 일으킬 수 있는
바다가 있다는 걸 알았다

명부전

송계사 풍경소리
산 오르는 걸음을 부른다

안개 앉았다 지나간 산길에
내려온 솔숲 그림자
쓱쓱 쓸며 비질하던 두 손이

마당으로 들어오는
처연한 맞상주 손을 잡고
명부전 문턱을 넘어 들어간다

흘러간 세월 고리 끊고
인연의 손에 안겨 들어온
이름 하나가
타오르는 향불을 돌아
명부전 빈자리에 앉는다

범어사

세속 번뇌 씻고
부처님 가르침 찾는 일심 속에
하나로 선 조계문 네 개 돌기둥 둘러

천왕문에 들어서자
그림자 잠긴 땅도 눈도 욕심도
묻고 싶은 그 많은 것들
사천왕이 내려놓고 가라 한다

불이문을 지날 때
부처님과 내가 둘이 아니며
삶과 죽음도
있는 것도 없는 것도
현재와 미래도
하나라고 가르침을 건넨다

삼문을 나와 계단을 올라
보제루 누각에 닿는다

대웅전 앞 계단 넓은 마당
중천에 떠있는 해를 당겨 석등에 불 켜고
두 손 모아 돌고 있는 삼층탑
여인의 일심을 껴안고 범어의 풍경소리와
구곡수 맑은 소리가 법화경을 읊는다

태풍

주말 저녁 모임 갔다 집에 오는 길
기상예측보다 빠르게 닿은 태풍을 만났다
불어 닥친 비바람에
우산도 날아가고 가로등도 날아 갔다
바닥에 쓰러진 가로수를 넘어
바람과 싸우며 골목 접어드는데
예고 없이 찾아온 태풍 미처 피하지 못한
고양이가 윤기 흐르던 검은 털에 흙탕물 뒤집어 쓰고
어둠 속 울타리에 사시나무로 섰다

담이며 울타리며 무서울 것 없이
어둠 쓸고 다니던 긴 꼬리
태풍과 함께 사라졌는지
그 후로 그림자 보이지 않는다

창 밖에 휴일이 있다

창가에 머물다만 간 햇살
일주일에 한 번씩 방안으로 들어와
산등선 타고 내려와 그림물감 유리창에 쏟는다

먹이 찾아 첨벙대는 갈매기 날갯짓도
뱃고동 울리는 고깃배 소리도 들리지 않는 일

누구에게는 흔한 일상이지만
그러지 못한 사람에게는
노역에서 만나는 휴일 각별한 아침이다

햇살과 함께 사라져 가는 그림자와
솔숲 지나는 작은 바람 소리가
빈 항아리 속 닮은 가슴에 천천히 내린다

땅뫼산을 걸으며

수많은 맨발이 걸었을
땅뫼산 황토길 따라
나도 맨발로 걸었다

모퉁이 돌아가는 수원지 언덕에는
마이삭 태풍과 싸운 나뭇가지 마다
우듬지 훑어간 잎의 자리에서
꽃이 필 계절도 아닌 구월 바람에
하얀 울음으로 핀 봄 벚꽃을 만났다

넘치도록 채워진 수원지에는
땅뫼산 건너편 아홉산이 내려와
파랑으로 물 씻으며
아픈 흔적 발을 내 보인다

오륜대 땅뫼산
편백나무 그늘 밟는 맨발 부끄러워
얼른 발을 거두어 돌아왔다

착한 손

뜨거운 철판에 가슴을 대고
계란만두 굽는 주름진 손끝이 번개같이 빠르다

계란만두 천오백 원
그리고 천 원 메뉴판에
마음이 자꾸만 미안하다

한 권의 홍보 책자보다
벽에 걸린 액자 사이로 그려 놓은
희미하고 짙은 볼펜 자국들
서동미로시장 오래된 후한 인심을 알린다

삼십칠 년 전
금사동 고단했던 근로자들과
미식가들이 지어준 이름
착한 가게 생활의 달인

그보다 더 좋은 이름 있으면
지어주고 싶은 착한 손

통도사에서

봄을 만나고 싶은 날
양산 통도사를 찾아간다
뼛속까지 사무치는 추위를 견디며

통도사 영각전에서
부처님 심지 내린 뿌리가
들어 올린 첫 봄을 만날 수 있다

가벼운 햇살에 담은 푸른 하늘 보이는
나뭇가지 사이로 수행자가 올리는
심중에 담은 그 많은 기도 다 알아채고
낱낱이 걸어 놓은 꽃으로 답하는
자장율사의 지계를 얻을 수 있다

피우고 싶은 소원 하나
나뭇가지에 걸어놓고
자박자박 솔숲을 지나오는데

활짝 핀 꽃잎 날갯짓 소리

고요히 따라오고 있어
자장매 향기로 걸어오는 소원을 듣는다

봄 안부

베란다 창문을 열었다
맑고 파란 하늘이 반가워서
그냥 손을 쭉 뻗어본다

봄바람이 얼른 달려와
손가락 사이로 입맞춤하며 지나간다
너무나 흔하게 한 움큼씩 받았던
선물의 고마움 하마터면 잊을 뻔했다

어디를 가나 어디를 보나
피어나는 봄인데
봄볕 처음 만난 사람이 양지 기대듯
베란다 난간에 어깨를 붙이고
얼른 달려온 봄볕에 싸여간다

어찌할 수 없는 느림 속에서
이천 이십년 찬란한 이 봄
무탈하냐고
지나가는 봄바람이 안부 묻고 간다

사릿길* 그리움

달빛 물들인 기다림이
하얀 박꽃 긴 밤 지새운 해오름* 앞에
말없이 꽃잎 내려놓던 곳
타오름달*
텃밭 지키는 가늘라* 업은 옥수수 들판 어귀에서
한낮의 뙤약볕을 삭인다
가람* 건너 땡감 익어가는 소리
실바람에 도란도란 느티나무 가지 사이를 지나
해거름녘* 바람을 묻히고
아이도 어른도 무지개 꿈 쫓아 달리던
사릿길 따라 그리움 그윽이 흐르고 있다

⟨2017.9 순우리말 글짓기 전국시인 공모전 금상 수상작⟩

* 사릿길-사리를 지어 놓은 것처럼 구불구불한 길
* 해오름-해가뜸 또는 그 무렵
* 타오름달-8월 (뜨거운 달)
* 가늘라-갓난아이
* 가람- 강(넓고 길게 흐르는 큰 물줄기)
* 해거름녘- 해가 서쪽으로 넘어갈 무렵

물길

대동리 골짜기는
야트막한 산들이 겨울 동안
발과 발을 걸고 웅크리고 앉아 있다

생강나무 꽃망울 맺힐 때
골짜기는 물길을 만들어 흐른다

집마다 어려웠던 시절
봄 물길 따라 빠져나갔던 또래 아이들
가방 내려놓고 소 몰고 들로 가거나
봉제 공장 찾아 도시로 갔다

미처 따라가지 못한
강으로 가는 물길 끊어진 자리에
늦은 가을 밤 별빛이 내린다
강물 흐르는 소리에 푸른 등불을 켜고
굽어 돌아도 멀다 않고
바다를 향해 달리는 물길

은행잎

다대포 아파트 입구 들어서면
봄부터 가을까지
구름 가리고 서 있던 나뭇잎들
햇살이 뜨거움을 버리자
나이테에 새겨진
오랜 그 이력으로
초록옷 입고 봄여름 걸어왔던 잎들
빗물에 씻고 가을 햇살에 말린
노란 속살 별빛되어 반짝인다
은행잎 사이로 지나가는 바람에
짙게 물든 몸짓 익숙한 그림자들
가을바람 따라 날아가고 있다

봄 산책

동네 뒷산 걷는데도
약속 필요한 지붕 아래 두 사람
할 말 없어 산길만 걷던 날
산등선 오르다 불쑥 친한 척하며
어깨동무 셀컷도 하고
슬그머니 손끝을 잡는다
안개 밟고 지나가는
산모퉁이 마다 핀
핑크빛 진달래 꽃잎
밋밋한 머리 위에 앉아
봄 숲 꽃이 된다
바위 틈새로 흐르는 물소리
걷노라니 비로소 보이는 것들
겨울을 허물고 봄을 옮기고 있다

제 3 부

어머니 마음이 오다

내 아이 어릴 때
어머니 찾아 며칠 지내고 돌아오는 길
차창 뒤를 돌아보면
아버지는 마당으로 들어가시고
어머니 혼자 골목에 서서
옷소매 눈물 찍고 계셨다
그때는 그 마음이 무엇을 말하는지
모두 헤아리지 못했다
마음은 정으로 흘러 닿는 것인지
내 자식들이
집에 왔다 가는 아침
어머니 마음이 울컥 내게로 왔다

아들

집 떠나본 적 없던 아들이
처음으로 기숙사 가던 날

캠퍼스 들어서자
남편은 부자간 헤어지는 아쉬움 감추고
공부하느라 고생했다 고맙다 말만 하고
연신 등을 토닥이는데

엄마는 목젖이 눌려
평소에 잘하던 말도 하지 못하고
고맙다는 말 대신 헤어짐이 슬퍼서
아들 얼굴 바라볼 수가 없었다

아들 혼자 두고
해거름 그림자 따라 집에 와서
주인 없는 빈 방문을 열었다

십구 년 동안
푸른 꿈과 사랑이 거미줄로 짜여 있던 방 안에서

아들이 두고간 그림자가
책상 위에서 흘러나와
모자간 이별을 소리없이 어루만져주었다

비 오는 날의 추억

여름 비 오는 날이면
막걸리와 애호박 사는 버릇이 있다
밭 언덕 넝쿨마다 열린 애호박
걸망에 담긴 채 부엌에 있다

기름 두른 무쇠솥뚜껑에서
애호박 익는 고소한 냄새를
어머니 부지런한 치맛자락이 움직일 때마다

아홉 식구 한 자리에서
호박전 한 입씩 입속에 넣고
사랑을 달게 삼켰다
아버지는 막걸리 술잔 속에
떠 있는 아홉 식구 얼굴을 보며
훤한 웃음 빗줄기에 꿰고 있었다

어머니의 기도 –결혼 축시

우주에 빛나는
소중한 인연 사랑으로 지켜가게 하소서

눈雪 위에서도
봄을 끌고 오는 매화로
여름날 태풍 속에서도
자라는 열매로
가을날 찬서리에 피는
국화 향기 채움으로
겨울날 얼음꽃 위에서도 피어나는
동백꽃이 되게 하소서

품 안에 새긴 사랑
내어주는 넉넉함 늘 머물게 하여
서로를 위해 소중히 지켜가는
평안한 가정 축복되게 하소서

막내 동생

막내 동생 미주는
엄마 아픈 가슴만큼
어릴 적부터 아픔이 많았을 것이다

어미 잃고 강을 따라
바다로 간 연어가
떠났던 곳 찾아 돌아올 때까지
난바다 포식자 피해 가며
단단히 키운 지느러미로
강 거슬러온 어미 연어를 닮았다

엄마 도움 필요한 나이에
허망한 이별 가슴에 묻고 달려온 긴 걸음

엄마가 찾아주던
음력 생일 오기도 전에
한 살 더 하는 선살배기
칠 남매 평균 나이를 낮추었다고
귀염 보이며 대소사 앞장서는

막내동생 미주 얼굴이
동트는 바닷물에 쏟아놓은 아침 햇살이다

합창

오후 한 시
삼층 계단 오르는 소리 줄을 잇는다
평생 처음으로 연필 잡고
이름 세 글자 쓰면서 손도 가슴도 떨린다

하던 일도 쉬어야 할 나이인데
휘어진 등에 새 책가방 메고
계단 오르내리는 소리 뜨거운 걸음

"글자 외우다 돌아서면 잊어버린다"
"돌아서지 마세요"

애닯은 선생님과 마주 보며 웃는다
글 잘 모르고 살아도 부끄러울 일 없이
살아온 하얀 얼굴에 주름살 퍼지는
기역 니은 가나다라 합창
계단을 걸어 창문 넘어간다

고향에 와서

해 지고 어둠 내리니
간간이 혼자 기침소리 들릴 뿐
아이들 웃음소리 들리지 않는다
골목마다 가로등은 훤한 불빛 내리고
처마 끝 흔드는 찬바람에
흰 눈이 희끗희끗 내린다
할 말 없으면 자식 자랑하던
아버지 노래 이어갈
가사도 음계도 귀해지고 있다
세뱃돈 기다리는
아이 해마다 줄어드는 명절이기는
시골이나 도시나 마찬가지다

백세 시대

희미한 불빛이 어스름히 내다보는
산 아랫마을 맨 끝 집

대문 없는 아래채에서
복실이가 자지러지게 짖는 소리에
어머니가 굽은 등 밀고 방문 열며 나온다

여섯 자식 한 가슴에 키웠어도
아흔 나이 어머니 마음 편안한 자리가 살아온 그 자리다

'나는 절대 요양원은 안 간 데이'

자식들 만날 때마다 하는 말이 아프다
닭 키워 알 챙기고 견과류 씹으며 밭일 운동으로 한다
어머니 찾아가는 날이면
일러주는 동네 이야기가 밤을 재운다

백 세 목전에 앞둔 어머니
말로만 듣던 백수 여정에 무릎이 닿았다

보름달 밟고 나온 아이

네가 어둠 속에서
빛을 먹고 자랄 수 있었던 것은
어머니가 고운 빛을 보내주었기 때문이다

심해 둥지에서 끝없이 보내준
맑은 빛을 마시며
이백팔십일 동안
어머니는 차오르는 숨 눌리며
밤을 지나왔다

사랑으로 쓰다듬어 준
뜨거움을 탯줄에 걸고
둘이면서 하나로 되는 끊을 수 없는 고리
밝은 빛을 따라가며 다듬었다
달빛 밟고 만월 되어 온 아침
첫 걸음 너의 탄생을 축복한다

〈손녀 태어남 시〉

칠월의 축복

나팔꽃 피는 칠월 아침
우렁찬 소리로 너는 왔다
힘차게 어깨를 들썩이며
불끈 쥔 두 주먹 씩씩했다

빛나는 눈빛과 나팔꽃 미소
집안에 옮겨놓은 행복 항아리는
구름 걷어낸 칠월이었지

이슬에 빛나는
선한 눈빛은
익은 포도를 닮아 좋구나

끈 잇는 소중한 선물
지구에 닿은 네 첫 걸음 축복한다

〈손자 태어남 시〉

간장을 담그며

시골 메주 들여다
간장을 담그다 생각해보니
장독대는
어머니 마음이 잘 보이던 곳이다
낮에는 햇살이 놀았고
밤에는 달빛이 장독대 돌며 놀았다

간장이 든 큰 항아리 아래로
된장 고추장 김치와
밑반찬 채워진 작은 항아리
아홉 식구 건강 지키며 앉아있다

장맛이 변하면 집안에 우환이 생긴다고
장독간 지키는 마음 엄중했던 어머니
칠 남매 잔병 없이 어른 된 것도
맑은 하늘 받치고 있는
간장 항아리 때문인 것 같다

내의

새벽에 경매된
생선들이 얼음바람에 떨던 날
아들 이름 적힌 택배가 왔다
커다란 박스 속에 든
내의 두 벌 가지런하다

아들은 집을 다녀 갈 때나
집안 기념일 있을 때면
필요한 것 있느냐고 묻는다

그럴 때마다
필요한 게 없어서라기보다
갖고 싶은 것들 삭이는 마음이 앞질러 나왔다

자식한테 주는 것은
물건이든 마음이든 아까울 것 없이 주어도
부족한 듯한 마음 어쩔 수 없는데
자식한테 받는 것은
헤아려 지는 것들이 앞서 마음 뒤로 숨긴다

아버지와 어머니의 언 몸을 녹이고 싶은
아들의 선물 앞에서 내의를 입기도 전에
이내 흐르는 온기가 닿아 몸을 데운다

할머니의 자리

비 오는 여름이면
큰집에서 할머니가 우리집에 자주 오셨다
아버지는 할머니를 대청마루에
어리광을 자리로 깔고 책상 서랍에서
많이 읽어 닳아진 딱지본 류충렬전을 꺼내 읽으셨다
얇은 책 한 권 주고받는 이야기가 하루해를 다 쓴다
기백산에서 어둠이 마을로 내려오면
어머니는 할머니가 좋아하는
쌀 넣고 끓이는 수제비를 저녁으로 준비한다
멸치 우려내는 냄새와 쌀 익는 고소한 냄새가
양념과 어우러져 집안을 돌고 대청마루에 닿으면
할머니와 아홉 식구가 밥상에 둘러앉는다
뜨거운 국물 한 입 드시고
"아야 와이리 맛있노"
할머니 행복한 한 마디에
아홉 식구가 따라 맛있고
모두 마음 벅찬 밥상이었다

어머니 되고 알았다

아홉 개 주고
주지 못한 한 개 때문에
애닲은 가슴 잠 못 드는 밤
앓고 나서 어머니를 알았다

자식이 가까운 곳에 있을 때나
먼 곳에 있을 때나
가슴 저리도록 보고 싶은 마음 있다는 것
어머니 되고 알았다

어머니 앞에서 말 가리지 않고 해대도
자식 앞에서 하고 싶은 말 가슴 두들겨 가며
삭이는 아픔이 어머니라는 걸 알았다

소나무가 제 몸에서 흘러내린
굳어진 송진을 보고
어머니 굽은 허리에서 흘러내린 시간이
애달픈 그리움이라는 것도
어머니 되고 알았다

도다리

봄 오는 것을 먼저 알고 짧은 지느러미를 흔들어
쪽빛 심해를 거슬러 올라와
햇살에 하얀 배 뒤집어가며
어시장으로 올라왔다

어미에게 눈 흘기다
두 눈이 한쪽으로 몰려 붙었다는 도다리

어릴 적 어머니 앞에서
눈 흘기며 쏟아낸 내 눈물이
애먼 가슴 얼마나 아프게 했을지 모를 일
그 때 남긴 불효가
후일을 돌아 나한테도 있다는 것을
경매장 바닥에 누워있는
봄 도다리를 보며
가슴에 남은 아픔을 누른다

비행기 안에서 생긴 일

지중해 태양열을 밟고
별을 쫓아가며 국경 넘어 다닌
열엿새 유럽문화탐방 마지막 날
런던에서 비행기를 탔다

남은 뜨거움을 지구에 쏟던 팔월 밤
유목민 등을 의자에 뉘고 막 꿈에 들려고 할 때
불에 덴 아기 울음소리로 객실이 흔들리고
아기 안은 엄마는 굵은 땀으로 몸을 닦고 있다

빼앗긴 잠 속에 머리를 흔들어도 비행기는 달리고
시계는 맞추어 놓은 열두 시간을 느리게 소멸하고 있다
공항 도착 방송이 울릴 때 아기 울음소리는
어깨 내려앉은 엄마 품에서 재롱 소리로 바뀌고
내게는 처음이자 마지막이 될지도 모를
공중에서 열두 시간 잠자리 한 컵 생수가 된다

큰언니

내 어렸을 때
맑은 햇살 내리는 장독대에서
장독 뚜껑을 열고
큰언니와 나란히 들여다보면

하얗게 핀 간장꽃 사이로
내려온 하늘과 해와 구름과
큰 언니와 내 얼굴이
항아리 속에 둥둥 떠 놀고 있었다

어머니 집 비운 날
내가 배탈 나서 누워있을 때
한 종지 맑은 간장을 떠와서
쌀죽과 간장이 약이라고 주던
일곱 형제 대장
대동리에서 예쁘다고 소문났던 큰언니

지금도 시골에 가면
동생들에게 담아주는

맑고 짭짤한 손맛과 단맛 나는 인정이
항아리 속 간장꽃으로 피고 있다

모든 어머니

시장 일 마치고
집에 들어와 창문을 연다
지나가는 바람에
비늘 묻은 옷 툴툴 털다
구들목에서 생선 비린내 흠뻑 나던
어머니 시장 앞치마가 생각나서
잠시 멈추고 우두커니 서 있을 때
등 뒤에서
"엄마 힘들 제 이렇게 추운 날 바닷가에서"
더 이상 말을 잇지 못하는 딸을 못 본 척하며
"나만 힘드나 모든 엄마들 힘들어도 그러려니 하제"

나도 내 딸처럼
어머니 일 힘들게 보이던 날 있었다
일본 징용 나갔다 고향 돌아와
장사 시작하신 아버지 따라 시장일 도우며
칠 남매 키운 고단했던 어머니가
힘들어도 힘들지 않은 척 비운 시간들
모든 어머니는 이렇게 왔다 또 이렇게 간다

온천장 할머니

세발걸음에 허리춤 돈주머니가
밖으로 나와 달랑거린다
복사꽃빛 흐르던 얼굴에는
마른 과일처럼 주름이 내렸다

젊은 날 시골에서 온천장 이사 와서
생선을 머리에 이고 주막집에 팔려고 갔다가
아랫목에 등 대고 노는 남편 앞에
물 한 동이 쏟아 붓고 날새도록 소쩍새 울음 울어 대다

다섯 자식 등에 업은 어머니 이름 때문에
하루같이 달려온 새벽어시장
여름 장마 비 오듯 싸움하며 살았어도

"쫌 더 살았어도 될 낀데"

일찍 떠난 영감님 아깝다며 숨겼던 정이
희미한 눈 안에서 가득히 글썽이는데
느닷없이 내 눈이 시큰거리며 붉어졌다

공화국이여 안녕

자유는 내가 정하는 거야
나 없으면 안 되는 집 어쩌나
빈 거실에서 커튼 흔들고 서있는 저 바람 어쩌나
시계 잡고 감아대던 태엽
주방에서 안개 뿜으며 끓어대던 찌개 냄비
발자국 포개고 깨우던 저 새벽길 어쩌나

여행 떠나는 갈림길에서
비행기 오르는 순간
바람에 나는 새 깃털이 되어 가벼워서 좋았다
눈을 질끈 감고 스스로를 묶었던 고리들을
하나 둘 잘라 미련 없이 공중에 훅훅 던진다

돌아오지 않아도 후회하지 않을
들뜬 바람 자유와 손잡고 공중에서 손을 흔든다
내 손만 쳐다보고 있던 공화국이여 안녕

산성 막걸리

가파른 산을 올라온 목마름에
누룩 향기 침샘을 흔든다

혀끝에 닿는 시큼한 술맛과
달착한 쌀 맛이 착 달라붙는
쌀막걸리 한 사발
입안 가득히 목을 축이고

단풍 닮은 얼굴로 눈앞에서 울렁거리는
산성마을과 쌀막걸리
흥건히 짙어지고 내려오는데

정성으로 빚었던 쌀막걸리
어머니 손맛에 입맛 들여진
아버지가 술기운 돌 때마다 얼큰이 부르던

"홍도야 우지마라"

노랫소리가 따라오고 있었다

친절한 남편

친구 만나서 술을 사는 것까지는 좋아
시계바늘이 자정 경계를 넘을 때까지
병모가지를 틀어야 되나

술이 술을 마신 것까지는 좋아
대리운전 불러 왕복 두 시간 거리를
파수꾼으로 배웅해야 되나

두 시간 거리 배웅하는 것까지는 좋아
셀프주유소에서 자동차 주인 앉혀놓고
주유까지 해야 되나

주유한 것 까지는 좋아
경유 자동차에
휘발유를 주유해야 되나

휘발유 주유한 것도 모르고
밤을 쫓아 배웅한 것까지는 좋아
술이 미친 건지 바람이 미친 건지

밤거리 마침표를 찍고 다닌

남편을 보고 웃고 마는
이런 아내 하나 있었으면 좋겠다

안 사람

봄비 내리는 주말 저녁 서면 거리
우산 위로 쏟아지는
전광판 불빛과 마이크 소리 속에
속살 보이는 우의가 비를 맞고 섰다

유세장 무대 소리만큼 빗방울이 굵어질 때
서 있는 우산 속으로 들어오는 소리

'후보자 안 사람입니다 잘 부탁드립니다'

오래 전 남편 번호표 목에 걸고
비 내리는 저녁
가로등불 따라 걷던 봄길이 떠올랐다

굵어지는 빗방울 속에서
구국 남편 등登 부탁하는
낯설지 않는 떨림의 손끝에
맑은 빗방울이
우산 속으로 들어오는 봄날

이사 移徙

문밖을 나서면
어둠보다 먼저 달려와서 길 안내하던 푸른 별
이제는 만나지 못할지도 몰라
산등성에서 사계절
줄 서서 손 흔들어 주던 소나무와
텃새와 철새가 노래 짓던 숲속
새들의 합창도 만나지 못할지 몰라

열두 번 길 건너다니던
이사 보따리 내려놓고
시간에 묻혀 살았던
이십 년 물결 꿈같이 흘러갔다
이별을 알아버린 귀뚜라미도
밤마다 울어대던 고양이도
묵은 짐 다 버리고 문을 나선다

칠월에 띄운 편지

'그대와 함께' 라는 이름 하나만으로도
마음 든든하고 행복합니다
칠월이 문턱을 넘자

거두어간 장마 뒤에
진흙 속에 엎드려 있던 연잎에
작은 빗방울 굴리는 이슬이
그대 맑은 눈을 닮았습니다

꽃대 올려 핀 연꽃과
그대 붉은 볼이 피어나는
선한 아름다움은 연못 속을 흔듭니다

칠월 뜨거운 햇살에
못다 한 이야기 나뭇가지에 걸어놓고
여름을 껴안습니다
연잎과 나란히 피어나는 연꽃으로
그대와 손잡고 걸어가는 길
바람에 묶어 칠월을 띄웁니다

카페 테이블

방안 건너온 달빛이다
다대포 소문난 카페를 가자고 한다
정해져 있을 거절인 줄 알면서
곁에 있는 한사람을 흔들었다
예전 같았으면 설전으로 끝났을 일
달빛 고운 그림자를 따라 나갔다

둘은 카페 테이블 앞에 가슴을 맞대고
밀크티 두 잔에 수제 빵 올려놓고
밤바다에 하얀 속살 일렁이는

보름달 바라보다 문득
지나간 세월이 떠올라 웃는다
옹기종기 젊은 웃음들이
가까운 테이블에서 건너온다
나는 밤늦도록 이야기를 들어주었다
어릴 적 평상처럼
편안한 카페 테이블에서

등나무 숲에서

범어사 계곡 등나무 숲을 걸었다
네 개의 쉼터를 따라 돌아오면
진정한 깨달음 얻는다는 첫 쉼터
'갈등의 숲'에 닿았다
등넝쿨과 칡넝쿨이 소나무를 타고
서로 반대 방향으로 올라가고 있다
오죽 안 맞았으면 갈등이라고 했을까

같은 길을 가면서도
사랑한 것이 아까워서 가고
자식 보고 가고
멀리 온 것이 커져서 가는
방향 맞지 않아 이유 있는 사랑도
사랑이라고 우기며 갈등을 본다

네 개 쉼터를 돌아 숲을 나오는데
소나무 우듬지에서 칡넝쿨과 등넝쿨이
금빛노을에 물든 얼굴로 웃고 있다

자전거

내 나이 풋풋하였을 때
한 남자 자전거 뒤에 앉아 포도밭에 갔었다

페달을 밟는 남자 뒤에 설렘을 앉히고
먼지 풀풀 나는 도로를 한참 달려
도착한 포도밭 원두막

포도송이에 나란히 눈을 맞대고
잘 익은 포도를 입속에 넣어주며
둘은 포도 맛 단내로 익어 갔다

남자와 달리며 만난 진흙길에서
돌을 넣고 다지고서야
평평한 인생의 가을 들녘까지 왔다
자전거 바퀴와 페달이 되어

해봐야 안다

1.
처음 온 한글반 문해학습자가
수줍은 얼굴로 인사를 한다

"내 이름 석 자도 못쓰는데 인자 공부해 뭐하겠노"

문해교육지도사 첫 수업부터
삼 년 지난 지금까지 듣는 말이다
그러다 일 년만 지나면
쓰는 글은 서툴러도 읽는 글은 수월하다
버스도 혼자 타고 지하철도 바꿔 탈 줄 안다
스승의 날
엄마가 쓰던 글씨로 편지도 준다
깨우치는 학습자들이 하는 말

"해보지 않으면 모른다"

2
어시장 물가에 생선 깔아놓고

시간 쪼개 늦은 대학공부 시작할 때

"그 나이에 공부해서 어디에다 쓸라 카노"

길 가로 막는 말 많았지만
꿈이었던 대학 졸업하고
시집에 눈 담는 공부도 하는
문해교육강사로 어울리고 있다

'해봐야 안다'

□ 발문

공동체를 위한 배려

강영환(시인)

 시인의 삶은 일반인의 그것과 다르다고 생각하는 이들이 많다. 시인도 일반인들과 똑같이 먹고 마시고 잠들고 하는 생활인이다. 그러므로 시인의 삶은 일반인의 그것과 마찬가지다. 이 지구상에 존재하는 한 다를 수가 없다. 그런데 다르다고 생각하는 이들은 시인이 꺼낸 시를 보고 다르다고 추측할 뿐이다. 시인이 사용하는 언어가 일반인들이 즐겨 쓰는 언어들과는 사뭇 다르기 때문이다. 언어가 다르다는 것은 생각에 차이가 있다는 뜻이다. 시인의 생각은 일반인과 확연하게 다르다. 시인이라면 일반인의 생각과 다른 생각을 지니지 않으면 안된다. 그래야만 시가 쓰여질 수 있다. 현실을 바라보는 시각에는 차이가 난다. 똑같은 사물을 바라보아도 시인은 그것을 달리 볼 수밖에 없다. 그것이 시인이 가진 생리다.
 프랑스 상징주의 시의 대표주자인 말라르메는 현실은

수수께끼로 가득하다고 했다. 일반인들은 우리 삶 속에 숨어 있는 수수께끼에 대하여 무관심이다. 그러나 시인은 그 수수께끼를 찾아내 그것을 해독하여 일반인들에게 보여 준다. 그 수수께끼는 상징이다. 그는 상징을 해독하는 자가 시인이라고 했다. 수수께끼는 현실이며 시인이 해석해 주기를 바라고 있는 상징의 세계, 혹은 은유의 세계를 시인은 자신의 시적 언어로 풀어내야 한다. 그러기에 시인의 생각은 다르다. 달리 말하면 시인의 언어는 일반인들의 언어와는 많이 다른 것이다.

박희자 시인은 2015년 《대한문학세계》 봄호로 등단하여 한국문학 발전상, 한국문학 올해의 시인상, 전국시인대회 공모전 순우리말 글짓기 금상 수상, 전국시인대회 공모전 짧은 글짓기 동상 수상 등 많은 활동을 통해 두각을 드러내었고 문해교육지도사 자격을 획득하여 현재는 사하구청 성인문해강사로 활동하고 있는 아주 적극적인 삶을 영위하고 있는 시인이다. 삶에 대한 평가는 누구라도 정확하게 내릴 수가 없다. 자신이 행복하다면 그 삶은 아름다운 삶인 것이다. 무엇이 가치있고 행복한 것인가의 척도는 함부로 잴 수가 없다. 우리 삶에 정답이 없듯이 어떻게 사는 것이 아름답고 훌륭한 삶인가에 대한 답은 없다. 남들보다 더 열정적으로 자신이 선택한 일에 최선을 다하는 모습을 보면 아름답다고 말할 수가 있겠다.

박희자 시인의 삶은 바다와 관련을 맺고 있다. 그는 부산공동어시장에서 해양에서 잡아온 생선을 중매인으로부터 경매받아 소상인들에게 중개해 주는 역할을 맡고있다. 그래서 삶을 영위하는 터전인 부산공동어시장을 지극히 사랑하여 그에 관련된 시편만 27편이며 시집 표제도 부산공동어시장으로 고집한다.

어디로 갈까
정하지 못한 길 위에 서 있다가
파도소리 나는 곳으로 갔다
돌아갔다 돌아오는 파도를 보며
바닷물 적신 앞치마 입고 들어간 바다
괭이갈매기와 함께 날면서
작은 날개가 흘린 내 눈물이
바닷물이라는 걸 알았다

잉크빛 바닷물에 쏟아낸
찰랑거리는 유리조각빛들이
반짝이며 묻어내는 바다를 보며
내 마음 속에도
빛을 일으킬 수 있는
바다가 있다는 걸 알았다

―「바다」 전문

　박희자 시인이 대상으로 삼는 것은 자신의 삶 전부다. 유년기 가족들과의 어울려 지냈던 기억과 남편과의 데이트 하던 추억, 그리고 현재적 삶을 이루고 있는 공동어시장에서의 생활이 그의 시를 이룬다.

　시인의 작품은 생활 곳곳에서 느끼는 사람과 사람 사이에 전달되는 온기와 사랑이 흐르는 가족애가 가식없는 표현으로 담겨져 있다. 화려한 수사나 겉만 번지르한 장식적 이미지가 아닌 정직하고 단단한 서정으로 진솔한 표현을 얻고 있다. 행간에 흐르는 따스한 온기에 빠져들게 하는 마력을 지닌다. 그것은 박희자 시인의 실생활에서 그런 모습을 견지하고 있기에 가능한 일이다

　애정어린 시선으로 공동어시장의 구석구석을 섭렵하며 그곳 사람들의 성실하고 따뜻한 우애에 감격하기도 하고 가족 간에 느끼는 사랑을 드러내보여 주기도 한다. 성장기의 어머니와 아버지, 할머니 그리고 동기간에 나누었던 남다른 우애를 잊지 못한다.

　전통적인 우리네 서정을 가식없이 드러내고 형상화 시킨 작품들로 이뤄져 있다. 사람이 행복해 질 수 있는 조건을 잘 말해주고 있는 시집이다.

　어시장에서 가장 일을 많이 한다고 생각하는 생선 상자가 공동어시장에서 느낄 수 있는 불합리하고 모순된 행

태들을 독백으로 하소연하고 있는 작품 「생선상자 독백」을 보면 '갈치 못 팔고 상자째 쓰레기통에 버리고 가는/걸음 뒤에서 힘 잃은 신발 소리 슬펐소' 팔지 못하고 남은 생선이 상해 들어가기 시작하자 상품 가치가 없어진 갈치를 상자째 쓰레기통에 버리고 가는 상인들에 대한 안타까운 마음을 비쳐보이고 있지만 아픔이다. '냉동 갈치 상자 속 볼 수 없다고/보이지 않는 속에 상한 고기를 넣고 큰 갈치 속에/작은 갈치 흠 있는 갈치를 가운데 넣고 닫아버린 아픈/포장 따라다니는/양심 저버린 그 손 때문에 애꿎은 사람들/가슴 치게 하고 우라지게 욕 듣게 하고/시장 던지고 떠나는 눈물과/식당에서 문 닫고 떠나는/아픔에 귀 기울여 보소'에서는 소비자의 눈을 속이는 행위를 서슴없이 하는 상인에 대한 아프고 쓰라린 애증을 드러내 보여 준다. 그들에게 생선 상자는 술 한 잔 따뜻하게 올려 어시장마다 살맛 나는 웃음꽃이 피웠으면하는 바램으로 끝 맺는다.

어시장에서 밥 배달하는 청년의 밝고 활기찬 생활을 담은 「덕수」를 따뜻한 시선으로 보듬어 주기도 한다. 박희자 시인의 삶이 그렇다. 공동어시장이란 생활전선에서 생선을 보듬고 살아가고 있다. 그의 삶이 이번 시집에 고스란히 묻어나는 것도 시인의 억척스런 생활력 때문으로 풀이된다. 공동체 삶의 공간에 대한 모습과 그에 대한 애정을 드러낸 작품으로는 거의 대개 작품이 그러하지만 「힘들다고 말하지 마라」「간고등어」「자갈치 해안길에서」
「새벽 경매」「금어기」「갈매기 날개」「초매식」「새벽어시
장」「어시장 제비」 등이 있고 이웃에 대한 배려와 사랑이
담긴 작품으로는 「다대포댁」「바다를 옮긴다」「충무동 새
벽시장」「자갈치 시장에서」「터널「파란 민들레」 등이다.

박희자 시인의 작품을 지배하는 시간적 공간은 새벽이
다. 새벽 어둠이 가시기 전에 집을 나서서 암남동 부산공
동어시장으로 향한다. 새벽 경매에 참가함으로써 그날의
일과가 시작된다. 새벽은 시인의 하루가 출발하는 시작점
이다.

새벽이 밀어 올린 안간힘 속에
쏟아지는 고등어가
꼬리를 허공에 세우고 바다를 난다

불빛 훤한 어판장에
울리는 푸른 요령 소리 따라가는 아침
갈매기가 경매장 지붕에 앉아
끼루룩 끼루룩 큰 소리로 값을 부른다

가슴을 감추고 경매사를 향해
던지는 손과 손 사이로
쏟아지는 열 개 손가락이

눈빛에 실려 날아가는 화살이 멈추면
시간은 새벽을 지나가고

눈에 익은 번호가 바닷바람에 펄럭인다
바다 끌고 가는 굵은 손들 바다를 빠져나가고
경매장은 다시 갈매기 춤추는 바다에 있다

—「부산공동어시장」 전문

  공동어시장의 새벽 풍경이 눈에 선하게 그려진다. 시인이 아침마다 보고 느끼는 풍경 그대로이다. 어려운 수사도 없다. 읽으면 누구나 쉽게 느껴지는 풍경 그대로다. 여기에 무슨 설명을 덧붙여 존재감을 드러낼 수 있을까? 새벽이 고등어를 밀어 올리고 꼬리를 허공에 세우고 날아간다. 시인만이 느낄 수 있는 풍경이다. 이외에도 경매장에 모인 사람들은 모두 경매사가 울리는 요령 소리에 귀를 따라가고 있다. 그런데 시인은 지붕 위에 앉은 갈매기 울음 소리를 따라간다. 경매사가 값을 매기고 불러 대지만 시인의 눈에는 갈매기가 값을 매겨서 알려주는 것으로 듣는다. 경매사는 손가락을 펼쳐서 값을 흥정한다, 그렇게 손가락 사이로 시간이 흘러가고 새벽이 지나가고 경매 입찰 받은 생선 상자들에 번호표가 매겨져 바닥에 뉘여 놓으면 바다를 끌고 가는 굵은 손들도 바다를 빠져나간다. 사람들이 빠져나간 경매장은 갈매기가 춤추는 바다 위에 떠 있는 것과 같다는 것을 시인은 발견한다.

  해가 바뀌면 공동어시장의 신년 초매식은 TV로 전국에 생중계된다. 일반인들에게도 공동어시장의 경매 모습은 익숙한 풍경 중의 하나가 되었다. 박희자 시인은 공동어시장의 경매 풍경에 숨어 있는 수수께끼들을 풀어서 해독하여 독자에게 보여 준다. 그가 보여 주는 상징은 경매에 붙여진 고기들에게 값을 매기는 방법에 있다. 생선값은 경매사가 매기는 것이 아니라 어시장 지붕 위에 앉아서 울음소리로 값을 매겨서 알려주면 경매사가 손가락을 폈다 오므렸다하며 갈매기 울음소리를 사람들에게 알려준다는 것이다. 이런 생활 현장은 다른 시편들에서도 꾸밈없이 적나라하게 들추어진다.

동녘 하늘
아침햇살 불화살은
빈 바닷물 속을 휘젓고

뱃고동 소리 바람 타고
어둠 훌훌 벗어던진다
금빛 물비늘 속살거리며
고등어 등 무늬로 물갈이할 때

부지런한 어부는
빈 주머니에 손을 넣었다 뺐다
입안 가득히 침샘 굴리고 있다

해수에 던진 뜰채가
자맥질할 때마다
먹이 찾는 갈매기 날갯짓
하루 해 잇고
무거운 새벽 깃 젖힌
뱃머리 어시장
봄바람에 달음박질이다

—「새벽 경매」 전문

  공동어시장에 새벽이 오는 풍경이다. 공동어시장 식구들은 새벽을 사는 사람들이다. 남들보다 먼저 하루를 시작한다. 새벽은 바다에서 온다. 새벽이 가장 먼저 뭍에 오르는 곳이 바로 부산공동어시장이다. 새벽과 생선 비늘은 공동어시장의 상징이다. 박희자 시인은 새벽이 익숙하다. 24년 여를 새벽 6시 경매전에 출근하여 경매 시간을 기다린다. 그날의 경매를 성공적으로 참가하여 좋은 생선을 붙잡게되면 수월한 하루가 전개된다. 그러나 잘못 잡으면 큰 손해를 입을 수도 있다. 이런 가슴 졸이는 생활을 해오면서 느꼈을 가식 없는 우리 삶의 모습이 각인되었을 것이다. 그것들이 오랜 숙성기간을 통해 저장되어 있다가 이제야 고래가 숨결을 뿜어내듯이 시로 뿜어 올리고 있는 것이다. 시인의 특별한 경험이 독자들에게 행복을 가져다 줄 것이다. 그것은 낯선 세계의 의미를 새롭게 경험할 수 있는 기회를 제공해 주기 때문이다.

추녀끝에 고드름 키 크는
새벽어시장 가보지 않고
사는 게 힘들다고 말하지 마라

얼음 바닥에 얇은 발 올려놓고
올 것 같은 누군가를
약속 없이 기다려 본적 있는가

지붕과 벽 사이를 뚫고 달려와
사정없이 때리는
칼바람에게 얼굴 맞아 본 적 있는가

성한 한쪽으로 리어카에 고등어 싣고
비틀걸음으로 달려본 적 있는가

바다 너울이 아픔을 밀고 와서

바위에 부서지고 또 부서져도
다시 바다로 돌아가 일어서서 너울거리는
포기 하지 않는 저 파도의 고집을 보라
차가운 가슴이라고 말하지 마라
누군가에게 겨울날 기대고 싶은
화롯불이 될 뜨거운 가슴이다

—「힘들다고 말하지 마라」 전문

 포도를 오래 저장해 둔다고 포도주가 되는 것은 아니다 마찬가지로 쌀을 물에 담궈 오래 보관한다고 막걸리가 되는 것은 아니다. 포도를 으깨어 오크통 속에 담아두면 발효과정을 거쳐서 와인이 만들어진다. 쌀도 누룩과 함께 섞어서 독에 담아 일정한 온도를 유지시켜 발효과정을 거치면 비로소 막걸리가 된다. 이렇게 포도와 쌀이 인간의 삶이라면 와인과 막걸리는 삶속에서 건져내 승화시킨 예술이다. 그러니까 삶은 그대로 삶일 뿐이고 그것이 예술이 되기 위해서는 발효과정이라는 내적 성숙단계가 필요한 것이다. 공동어시장에서의 삶을 가져다 꾸미고 발효시켜 시라고하는 예술로 창조해내는 작업을 하는 이가 바로 시인이다. 특별한 재능 없이는 불가능한 일이다. 그것들을 비유와 상징이라는 발효약을 시인이 발굴해낸 언어와 버무려 오랜 기간 숙성시키는 과정을 거쳐야 비로소 한 편의 시가 탄생되는 것이다. 얼마나 많은 고뇌의 과정을 거쳐야 할 것인가?

  흥정하는 소리 넘쳐나는
  충무동 골목시장
  밤잠 설친 할머니가 밀려오는
  졸음 이기지 못하고 연신 고개 끄덕일 때마다
  앞을 지나가던 장난기 많은 바닷바람이
  빈 물통 툭 넘어뜨리고 달아난다
  깜짝 눈 뜨자마자

  "씹어갈 바람은 뭐한다고 불어 쌌노"

  중얼거리며 얼음 한 바가지 휙 뿌린다
  걸음 뜸한 단골 기다리는
  할머니 곁에서 바닷바람이
  눈치 없이 장난 걸며 시간을 당기고 있다

―「충무동 새벽시장」 전문

박희자 시인은 부산공동어시장이라는 특별한 삶의 공간에서 일구어낸 삶의 서정시를 보여준다. 남다른 시선으로 바라보지 않고서는 발견할 수 없는 삶의 향기들인 것이다. 그 향기가 잘 숙성되어 높은 예술의 경지를 보여준다면 개성있고 타의 추종을 불허하는 독특한 시의 세계를 구축해 낼 수 있을 것이다. 박희자 시인은 공동어시장에서 함께하는 이웃과 어시장을 찾는 사람들 또는 함께 사는 갈매기와 제비들까지도 한 가족이라는 시선으로 따뜻하게 품어주는 마음으로 대하고 있다. 그 마음은 예술 이전의 인간적 사랑이며 자연을 대하는 태도이다.

겨울옷 벗지 않은 어시장
작은 날개가 봄을 풀어 놓는다
지난해 가을 떠난
제비 한 쌍 둥지로 돌아 왔다

햇살보다 먼저 판매장 문 열어놓고
배수관 위에 앉아서 둘이 나란히 내려다보고 있다가
물건 사려고 온 사람들에게
'문어는 이십만 원, 고등어는 십오만 원, 갈치는 삼십만 원'
부리를 비비며 열심히 흥정을 거든다

제비 둥지 아래는
시장에서 다투는 것을 본 적 없는

독수리 오 형제와
어시장 사람들이 발끝 치며 달리고 있다
박씨를 물어 왔을지도 모를 한 쌍의 제비가
아침 햇살 끌어오며 판매장 봄을 순찰하고 있다

—「어시장 제비」 전문

  누구나가 같은 시선으로 바라볼 수 없는 풍경이다. 시인이 문해교실에 참가하여 강사활동을 하며 애써 글을 배워 읽고 쓰기를 자유롭게 할 수 있기를 갈망하는 할머니들과 어울리며 터득한 따뜻한 마음 때문에 발견되는 풍경은 아닐까?
  이 시집의 3부에 수록된 가족들과 어머니에 대한 시편들 속에서 자연스럽게 느껴지는 속내를 보면 그 따뜻한 마음은 태생적으로 가져온 것들임을 쉽게 알 수 있다. 어떤 거대한 철학적 사유가 이론적 배경이되는 것은 아니고 전통적으로 이어져 내려온 생활풍습 속에 깃들어 있는 삶을 대하는 태도들인 것이다. 그것들이 공동어시장이라는 현재적 삶에서도 우러나오는 은근한 서정으로 자리매김 된다. 박희자 시인은 잃어버리고 밀쳐두었던 속세의 쌉싸름하고 달달한 오미를 찾아내어 독자들에게 맛 좀 보라고 들이미는 형국이다. 그래서 박희자 시인이 발견한 언어들은 토속적인 맛을 지니고 향수를 불러일으키는 서정시다.

  내 아이 어릴 때

어머니 찾아 며칠 지내고 돌아오는 길
차창 뒤를 돌아보면
아버지는 마당으로 들어가시고
어머니 혼자 골목에 서서
옷소매 눈물 찍고 계셨다
그때는 그 마음이 무엇을 말하는지
모두 헤아리지 못했다
마음은 정으로 흘러 닿는 것인지
내 자식들이
집에 왔다 가는 아침
어머니 마음이 울컥 내게로 왔다

—「어머니 마음이 오다」 전문

틈새는 관계를 의미한다. 어머니와 나 사이, 사물과 나 사이, 사람과 사람 사이에 존재하는 틈새인 것이다. 그 틈새가 말을 한다. 고향 부모님 댁에 갔다가 떠나오며 차창으로 바라다 보이는 어머니와 나의 거리가 멀어져 갈수록 더 가깝게 다가오는 어머니의 마음을 알 수 있게 된다는 이 시는 자신의 아들이 자신의 집에 왔다 갈 때 비로소 고향에 남겨 두고 떠나올 때 늦도록까지 손을 흔들고 서있던 어머니 마음이 더욱 깊게 다가오는 걸 느끼는 것이다. 내 집에 왔다가 떠나던 나와 아들 사이에 흐르는 정이 나와 어머니 사이에서 진즉부터 흘러오던 것이 아니었

나를 새삼 느끼게 해주는 작품이다. 박희자 시인의 작품 들에서는 이렇게 사이에서 발견되는 따뜻한 마음 씀씀이들이 많이 드러난다. 비단 가족들간의 사이에서 발견되는 애틋한 정만은 아니다. 타인이나 사물들과의 관계에서도 그런 모습은 쉽게 발견된다. 세상을 바라보는 시인의 따뜻한 시각이 있기에 가능한 일이다.

제 3부를 구성하는 작품들은 가족간의 우애와 사랑을 담은 시들로 채워져 있다.「새벽달」「아버지가 만든 새벽」「두 얼굴 주름이 닮았다」특히 어머니에 대한 회고와 그리는 마음을 담은「어머니 마음이 오다」「백세시대」「간장을 담그며」「어머니 되고 알았다」「도다리」「모든 어머니」가 있고 아들에 대한 이야기「아들」「어머니의 기도」「내의」와 남편에 대한 이야기「친절한 남편」「칠월에 띄운 편지」「카페 테이블」「등나무」「숲에서」「자전거」, 아버지에 대한 추억으로「비오는 날의 추억」「고향에 와서」「산성 막걸리」어릴 때 함께 자랐던 동기간에 대한 그리움을 담은「막내 동생」「큰언니」, 손녀와 손자의 탄생에 대한 기쁨을 노래한「보름달 밟고 나온 아이」「칠월의 축복」, 할머니에 대한 추억「할머니의 자리」「온천장 할머니」들이 있다. 이쯤 되면 온 가족이 시에 등장한다고 보아도 무방하다.

친구 만나서 술을 사는 것까지는 좋아
시계바늘이 자정 넘을 때까지
병모가지를 틀어야 되나

술이 술을 마신 것까지는 좋아
대리운전 불러 왕복 두 시간 거리를
파수꾼으로 배웅해야 되나

두 시간 거리 배웅하는 것까지는 좋아
셀프주유소에서 자동차 주인 앉혀놓고
주유까지 해야 되나

주유한 것까지는 좋아
경유 자동차에
휘발유를 주유해야 되나

휘발유 주유한 것도 모르고
밤을 쫓아 배웅한 것까지는 좋아
술이 미친 건지 바람이 미친 건지
밤거리 마침표를 찍고 다닌
남편을 보고 웃고 마는
이런 아내 하나 있었으면 좋겠다

—「친절한 남편」 전문

술 좋아하는 남편의 모습을 해학적으로 풀어내고 있다. 그러나 사이에 숨은 아픈 모습도 함께 읽혀진다. 호방한 남편의 뒤에는 이를 허용하고 이해해 주는 아내가 있기에 가능하다. 술 마시고 호기를 부릴 수 있는 이해심 많은 아내를 둔 술꾼은 아내가 든든한 배경이다. 그런 배경을 믿고 자정 넘어서까지 술추렴에 맘껏 매달릴 수 있고 경유차에 휘발유를 주유하는 실수에도 무릅쓰고 밤거리에 마침표를 찍을 수 있는 남자는 행복하다. 남자의 행복은 아내의 불행일 수도 있다. 긴 밤을 돌아오지 않는 남편을 기다리며 등불을 지켜야 한다. 술에 곤죽이 되어 새벽이 되어서야 기어들어 오는 남편을 바라보며 그냥 웃음으로 넘겨야 하는 아내, 세상에 이런 아내는 없다. 시인이 가진 세상을 바라보는 온기있는 시선이 그런 아내의 존재를 가능하게 할 뿐이다. 그런 가능성의 세계를 위하여 시인은 존재한다. 박희자 시인이 추구해야 할 세계도 가능성의 세계일 것이다. 전통적 서정을 바탕으로 따뜻한 정이 흐르는 온기있는 세상을 독자들에게 보여 줌으로써 독자들이 행복한 삶에 기댈 수 있게 해주었으면 한다.

클로드 베르나르는 삶에 대한 정의를 명쾌하게 내려주었다.

"만약 내가 한마디로 삶의 정의를 내려야 한다면 '삶은 창조이다'고 말할 것이다."

그래서 시인은 시를 쓴다. 살맛 난다며